shkolla - shule	2
udhëtim - usafiri	5
transport - usafiri	8
qytet - jiji	10
peisazh - mazingira	14
restorant - mgahawa	17
supermarket - dukakuu	20
pije - vinywaji	22
ushqim - chakula	23
fermë - shamba	27
shtëpi - nyumba	31
dhomë ndenjeje - sebuleni	33
kuzhinë - jikoni	35
tualet - bafu	38
dhomë fëmijësh - chumba ya mtoto	42
veshje - nguo	44
zyrë - ofisi	49
ekonomi - uchumi	51
profesionet - kazi	53
mjete - zana	56
instrumenta muzikorë - ala za muziki	57
kopsht zoologjik - bustani ya wanyama	59
sportet - michezo	62
aktivitet - shughuli	63
familje - familia	67
trupi - mwili	68
spital - hospitali	72
emergjencë - dharura	76
toka - dunia	77
orë - saa	79
javë - wiki	80
vit - mwaka	81
forma - maumbo	83
ngjyra - rangi	84
të kundërta - kinyume	85
numra - nambari	88
gjuhët - lugha	90
kush / çfarë / si - ambao / nini / jinsi	91
ku - wapi	92

AF189236

Impressum
Verlag: BABADADA GmbH, Nedderfeld 112 , 22529 Hamburg
Geschäftsführer / Verlagsleitung: Harald Hof
Druck: Books on Demand GmbH, In de Tarpen 42, 22848 Norderstedt

Imprint
Publisher: BABADADA GmbH, Nedderfeld 112 , 22529 Hamburg, Germany
Managing Director / Publishing direction: Harald Hof
Print: Books on Demand GmbH, In de Tarpen 42, 22848 Norderstedt

shkolla
shule

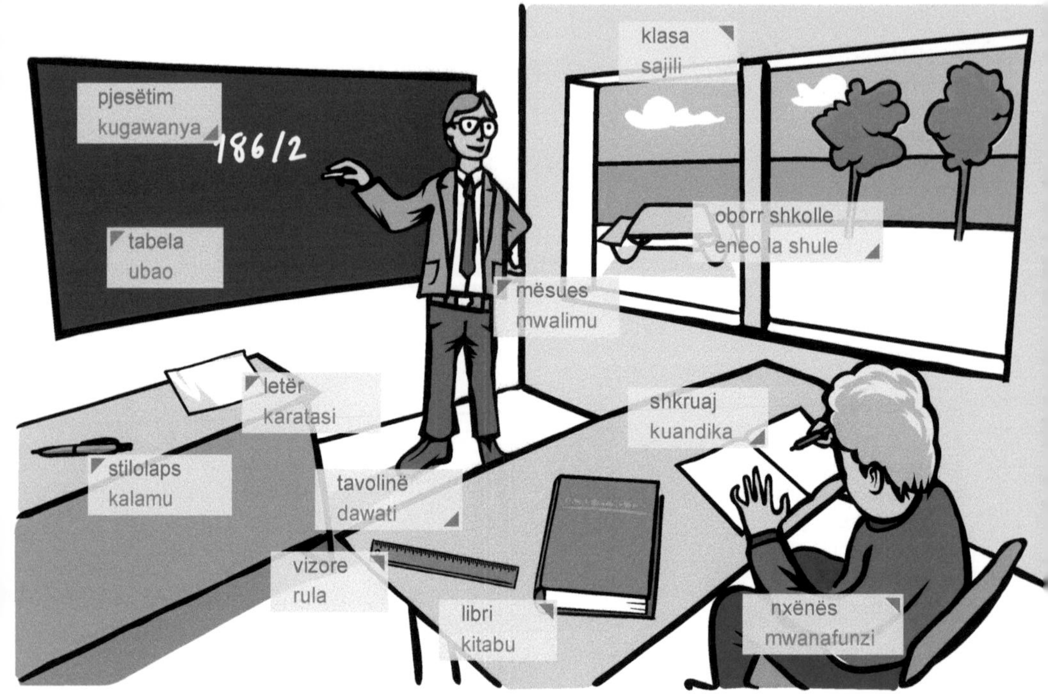
klasa
sajili
pjesëtim
kugawanya
186/2
tabela
ubao
oborr shkolle
eneo la shule
mësues
mwalimu
letër
karatasi
shkruaj
kuandika
stilolaps
kalamu
tavolinë
dawati
vizore
rula
libri
kitabu
nxënës
mwanafunzi

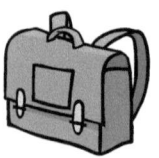

çantë

mkoba

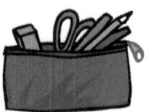

mbajtëse lapsash

kikasha cha penseli

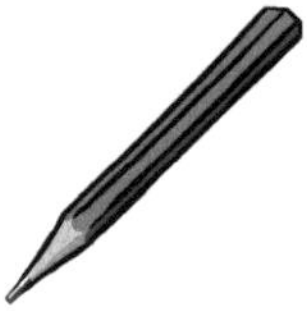

laps

penseli

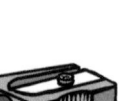

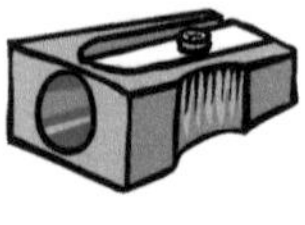

mprehës lapsash

kichonga penseli

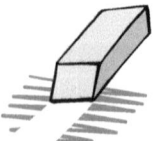

gomë

mpira

fletore vizatimi

pedi ya kuchora

vizatim

uchoraji

penel

brashi ya rangi

kuti bojërash

sanduku la rangi

gërshërë

mkasi

ngjitës

gundi

fletore detyrash

daftari

detyrë shtëpie

kazi ya nyumbani

12

numër

nambari

2+2

mbledh

jumlisha

5-2

zbres

ondoa

2×2

shumëzoj

zidisha

llogaris

kokotoa

A

gërmë

barua

ABCDEFG HIJKLMN OPQRSTU VWXYZ

alfabeti

alfabeti

fjalë

neno

tekst

maandishi

lexoj

kusoma

shkumës

chaki

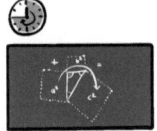

mësim

somo

regjistër

sajili

provim

uchunguzi

çertifikatë

cheti

uniformë shkolle

sare za shule

arsimim

elimu

enciklopedia

elezo

universitet

chuo kikuu

mikroskop

darubini

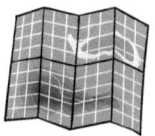

hartë

ramani

kosh letrash

kikapu cha kuweka karatasi
chafu

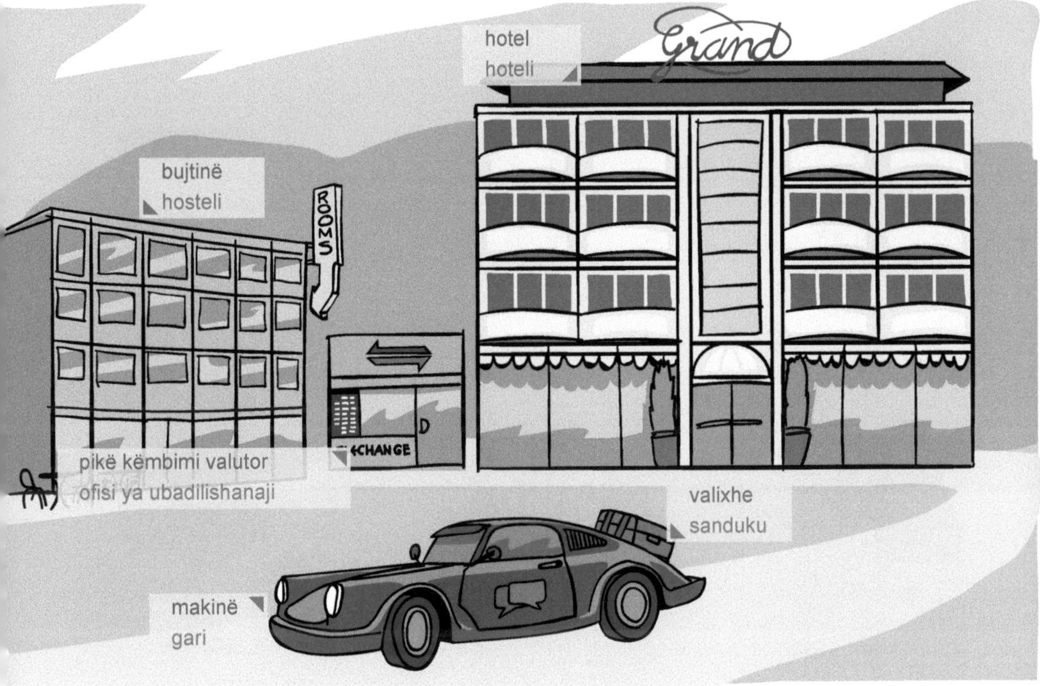

hotel
hoteli
Grand
bujtinë
hosteli
ROOMS
EXCHANGE
pikë këmbimi valutor
ofisi ya ubadilishanaji
valixhe
sanduku
makinë
gari

gjuhë
lugha

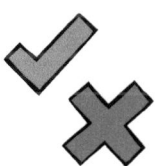

po / jo
ndiyo / la

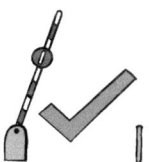

Në rregull
sawa

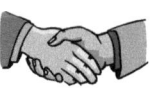

ç'kemi
hujambo

përkthyes
mtafsiri

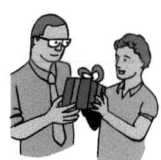

Faleminderit
Asante

sa kushton...?

kiasi gani ni ...?

nuk e kuptoj

Sielewi

problem

tatizo

Mirëmbrëma!

Jioni njema!

Mirëmëngjes!

Habari za asubuhi!

Natën e mirë!

Usiku mwema!

mirupafshim

kwa heri

drejtim

mwelekeo

bagazhet

mizigo

çantë

mfuko

çantë shpine

shanta

mysafir

mgeni

dhomë

chumba

thes gjumi

begi la kulalia

tendë

hema

informacion për turistët

taarifa ya utalii

plazh

ufuo

kartë krediti

kadi

mëngjes

kifunguakinywa

drekë

chakula cha mchana

darkë

chakula cha jioni

Biletë

tiketi

ashensor

kuinua

pulla

muhuri

kufi

mpaka

doganë

mila

ambasadë

ubalozi

vizë

visa

pasaportë

pasipoti

transport
usafiri

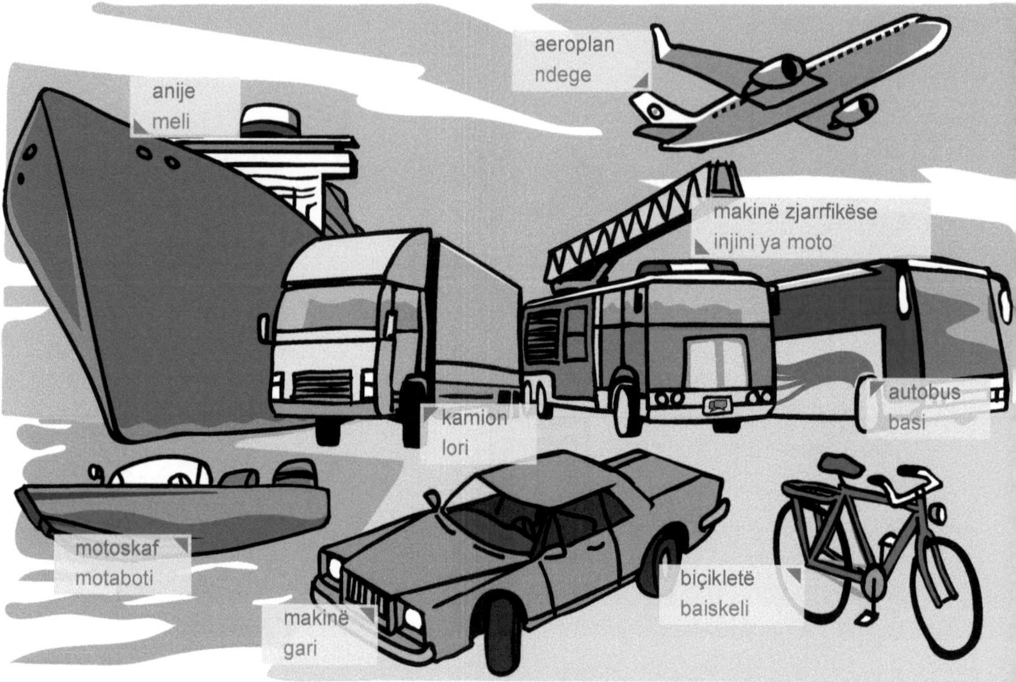
anije
meli
aeroplan
ndege
makinë zjarrfikëse
injini ya moto
kamion
lori
autobus
basi
motoskaf
motaboti
makinë
gari
biçikletë
baiskeli

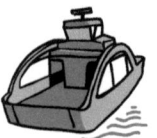

traget

feri

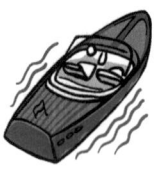

varkë

mashua

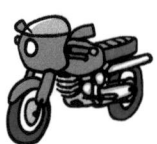

motoçikletë

pikipiki

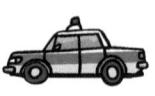

makinë policie

gari la polisi

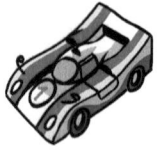

makinë garash

gari la mashindano

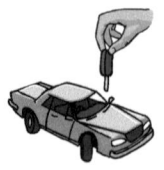

makinë me qira

gari la kukodisha

ndarje e qirasë së makinës

kushiriki gari

karroatrec

lori la kuvuta

makinë plehrash

ukusanyaji taka

motor

motor

benzinë

mafuta

pikë karburanti

kituo cha mafuta

sinjalistikë trafiku

ishara trafiki

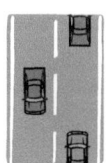

trafik

trafiki

bllokim trafiku

msongamano

parkim makinash

maegesho

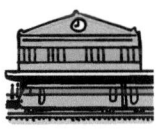

stacion treni

kituo cha treni

trase

reli

tren

garimoshi

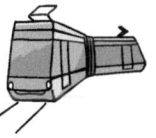

tramvaj

tremu

karro

gari la mizigo

helikopter

helikopta

aeroport

uwanja wa ndege

kullë

mnara

pasagjer

abiria

kontenier

chombo

kuti kartoni

katoni

qerre

mkokoteni

shportë

kikapu

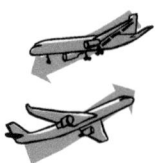

ngrihem / ulem

ondoka

qytet

jiji

fshat

kijiji

qendra e qytetit

katikati ya jiji

shtëpi

nyumba

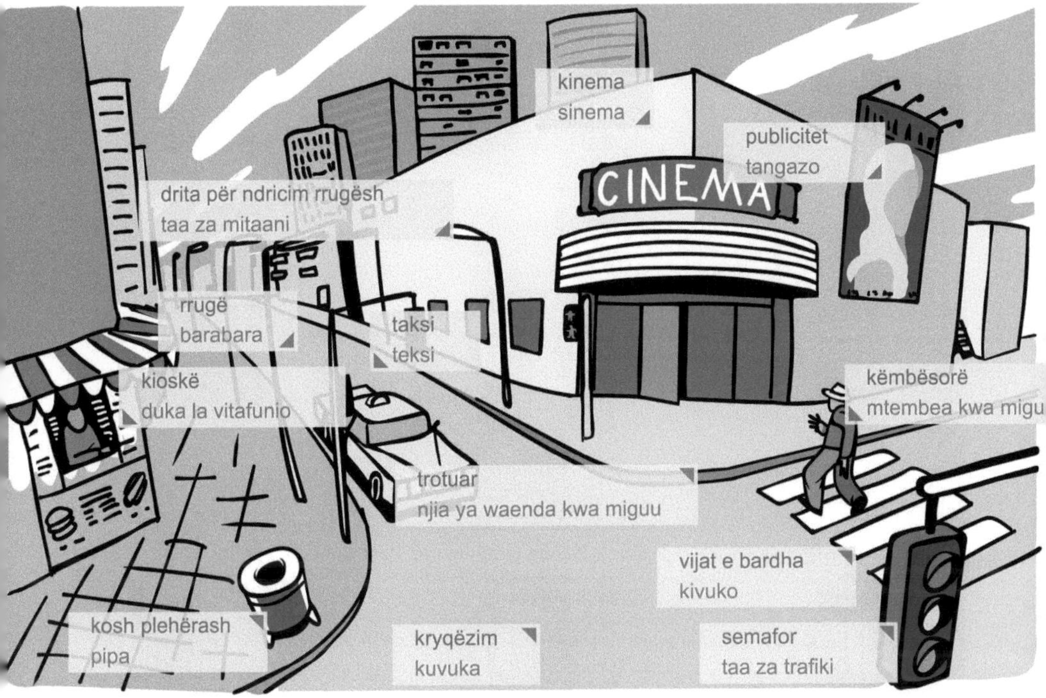

kinema
sinema

publicitet
tangazo

drita për ndricim rrugësh
taa za mitaani

rrugë
barabara

taksi
teksi

kioskë
duka la vitafunio

këmbësorë
mtembea kwa migu

trotuar
njia ya waenda kwa miguu

vijat e bardha
kivuko

kosh plehërash
pipa

kryqëzim
kuvuka

semafor
taa za trafiki

kasolle
kibanda

apartament
gorofa

stacion treni
kituo cha treni

bashki
ukumbi wa mji

muze
Makavazi

shkolla
shule

universitet

chuo kikuu

bankë

benki

spital

hospitali

hotel

hoteli

farmaci

duka la dawa

zyrë

ofisi

librari

duka la kitabu

dyqan

duka

dyqan lulesh

duka la maua

supermarket

dukakuu

market

soko

mapo

idara ya kuhifadhi

dyqan peshku

mwuza samaki

qëndër tregtare

kituo cha ununuzi

port

bandari

park

Hifadhi

stol

benki

urë

daraja

shkallë

vidato

metro

chini ya ardhi

tunel

handaki

stacion autobuzi

kituo cha mabasi

bar

bar

restorant

mgahawa

kuti postare

sanduku la posta

sinjalistikë rrugore

ishara ya barabara

kohëmatës parkimi

mita ya maegesho

kopsht zoologjik

bustani ya wanyama

pishinë

kidimbwi cha kuogelea

xhami

msikiti

fermë
shamba

ndotje
uchafuzi

varrezë
makaburini

kishë
kanisa

shesh lojërash
uwanja wa michezo

tempull
hekalu

peisazh
mazingira

gjethe
jani

tabela orientuese
ishara ya mwelekeo

rrugë
njia

livadh
malisho

gurë
jiwe

ekskursionist
mtembeaji wa masafa

pemë
mti

lumë
mto

bar
nyasi

lule
ua

luginë

bonde

kodër

kilima

liqen

ziwa

pyll

msitu

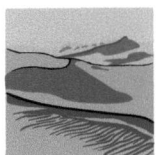

shkretëtirë

jangwa

vullkan

volkano

kështjellë

ngome

ylber

upinde wa mvua

kepudhë

uyoga

palmë

mtende

mushkonjë

mbu

mizë

kuruka

milingonë

chungu

bletë

nyuki

merimangë

buibui

brumbull
mende

bretkosë
chura

ketër
kuchakuro

iriq
nungunungu

lepur
sungura

buf
bundi

zog
ndege

mjellmë
swan

derr i egër
nguruwe mwitu

dre
kulungu

dre brilopatë
aina ya kongoni

digë
bwawa

turbinë ere
tabo ya upepo

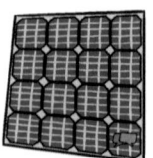

panel diellor
nishaji ya jua

klimë
hali ya hewa

peisazh - mazingira

restorant
mgahawa

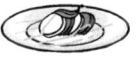

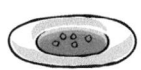

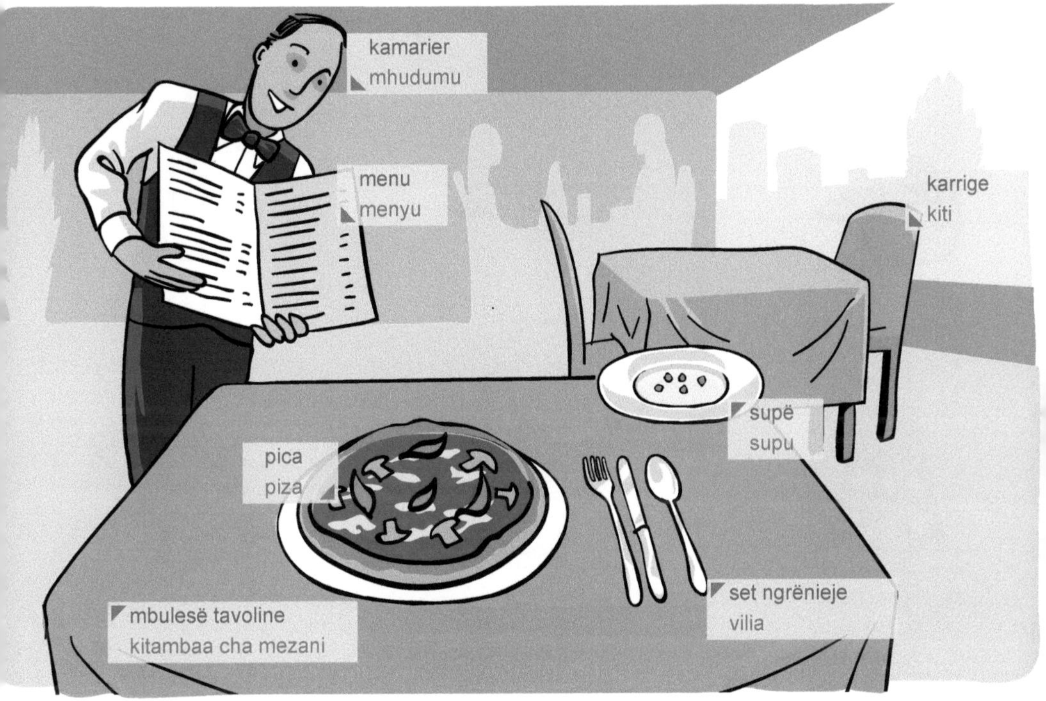

kamarier
mhudumu
menu
menyu
karrige
kiti
supë
supu
pica
piza
set ngrënieje
vilia
mbulesë tavoline
kitambaa cha mezani

pjatë e parë

kiamsha hamu

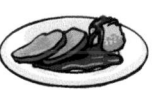

pjatë kryesore

kozi kuu

ëmbëlsirë

kitindamlo

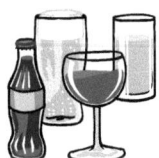

pije

vinywaji

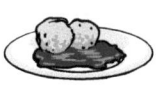

ushqim

chakula

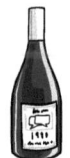

shishe

chupa

ushqim i shpejtë

chakula cha haraka

ushqim i shërbyer në rrugë

Streetfood

ibrik çaji

buli

kuti sheqeri

kisanduku cha sukari

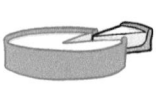

racion

sehemu

makinë kafeje ekspres

mashine ya espresso

karrige e lartë

kiti kirefu

faturë

muswada

tabaka

trei

thika

kisu

pirun

uma

lugë

kijiko

lugë çaji

kijiko cha chai

pecetë

nepi

gotë

glasi

restorant - mgahawa

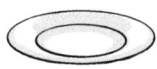

pjatë

sahani

pjatë supe

sahani ya supu

pjatë filxhani

sufuria

salcë

mchuzi

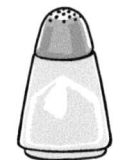

mbajtëse kripe

kichanyaji chumvi

mulli piperi

kinu cha pilipili

uthull

siki

vaj

mafuta

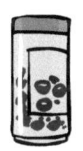

erëza

viungo

keçap

kechapu

mustardë

haradali

majonezë

kachumbari nzito

supermarket
dukakuu

ofertë speciale
ofa maalum
FOR
klient
mteja
produkte bulmeti
maziwa
frut
matunda
karrocë pazari
toroli

BUTCHERS

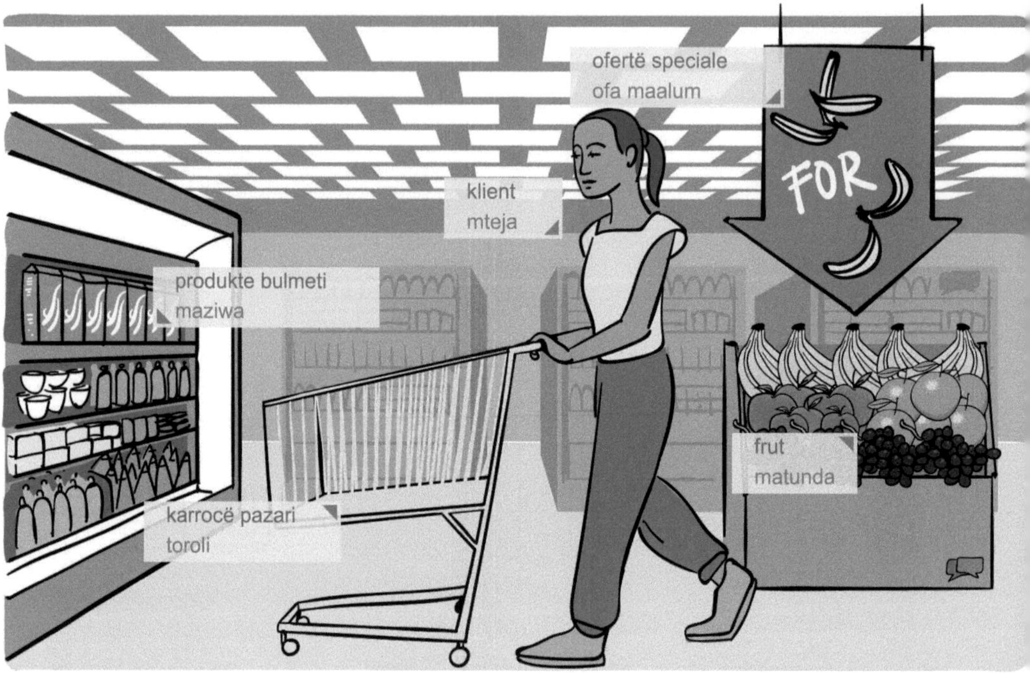

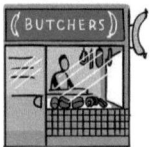

dyqan mishi

mchinjaji

BAKERY

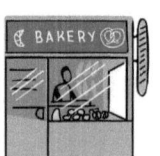

furrë buke

mwokaji

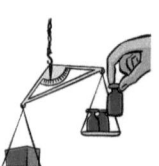

peshoj

uzito

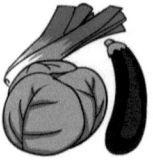

perime

mboga

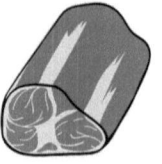

mish

nyama

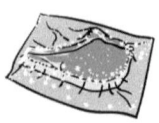

ushqim i ngrirë

chakula waliohifadhiwa

copë

vipande vya nyama baridi

ushqim i konservuar

chakula cha kopo

pluhur larës

sabuni ya unga

ëmbëlsirat

pipi

prodhime shtëpie

bidhaa za kaya

produkte pastrimi

bidhaa za kusafisha

shitëse

mtu mauzo

kasë fiskale

mpaka

arkëtar

keshia

listë blerjeje

orodha ya manunuzi

oraret e punës

masaa ya ufunguzi

portofol

mkoba

kartë krediti

kadi

çantë

mfuko

qese plastike

mfuko wa plastiki

ujë

maji

lëng frutash

sharubati

qumësht

maziwa

koka-kola

coke

verë

mvinyo

birrë

bia

alkool

pombe

kakao

kakao

çaj

chai

kafe

kahawa

kafe ekspres

spreso

kapuçino

kapuchino

banane

ndizi

mollë

tufaha

portokalle

machungwa

pjepër

tikiti

limon

lemon

karrotë

karoti

hudhër

kitunguu saumu

bambu

mianzi

qepë

kitunguu

kërpudha

uyoga

arra

karanga

makarona

nudo

spageti

spageti

oriz

mpunga

sallatë

saladi

patate të skuqura

vibanzi

patate të skuqura

viazi vya kukaanga

pica

piza

hamburger

hambaga

sanduiç

sandwichi

shnicel

kipande

proshutë

paja la mnyama

sallam

salami

salçiçe

soseji

pulë

kuku

skuq

choma

peshk

samaki

tërshërë

oats ya uji

drithëra

muesli

kornfleiks

cornflakes

miell

unga

kruasant

kroisanti

panine

andazi

bukë

mkate

tost

mkate wa kubanika

biskotë

biskuti

gjalp

siagi

gjizë

maziwa mgando

tortë

keki

vezë

yai

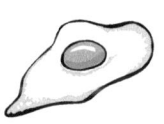

vezë sy

yai kukaanga

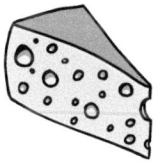

djathë

jibini

akullore

aiskrimu

sheqer

sukari

mjaltë

asali

marmaladë

jemu

çokokrem

kuenea kwa chokoleti

këri

mchuzi wa viungo

fermë
shamba

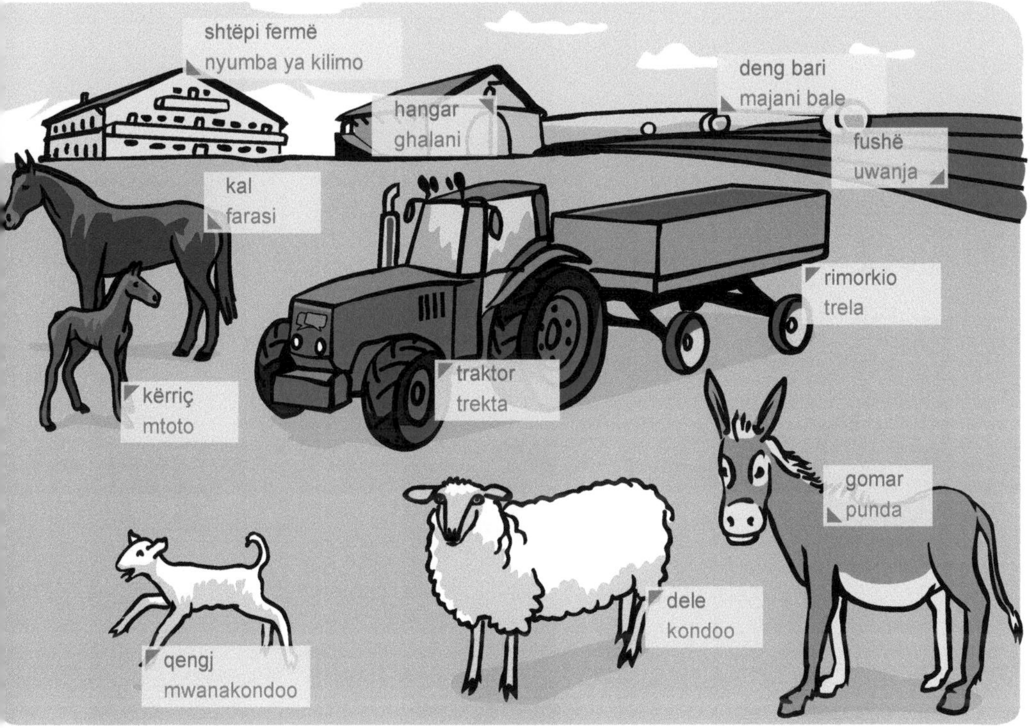
shtëpi fermë
nyumba ya kilimo
hangar
ghalani
deng bari
majani bale
fushë
uwanja
kal
farasi
rimorkio
trela
traktor
trekta
kërriç
mtoto
gomar
punda
dele
kondoo
qengj
mwanakondoo

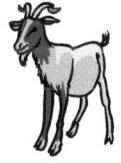

dhi
mbuzi

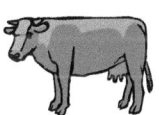

lopë
ng'ombe

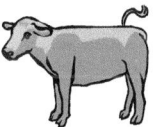

viç
ndama

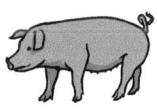

derr
nguruwe

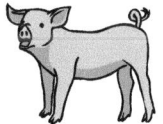

derrkuc
mwananguruwe

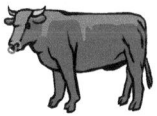

dem
fahali

patë

batabukini

rosë

bata

zog pule

kifaranga

pulë

kuku

gjel

jogoo

mi

panya

mace

paka

mi

panya

buall

ng'ombe

qen

mbwa

kolibe qeni

nyumba ya mbwa

zorrë vaditëse

bomba la bustani

vaditëse

debe la kumwagilia maji

kosë

fyekeo

plug

kulima

drapër

mundu

shat

jembe

kosa

uma wa nyasi

sëpatë

shoka

karrocë

toroli

govatë

kupitia nyimbo

bidon qumështi

chombo cha maziwa

thes

gunia

gardh

ua

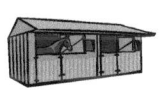

ahur

imara

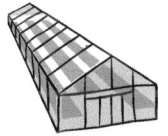

serë

chafu

dhe

udongo

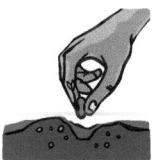

farë

mbegu

pleh

mbolea

autokombanjë

kivunaji

korr

mavuno

te korrat

mavuno

patate e ëmbël "Yam"

viazi vikuu

grurë

ngano

soja

soya

patate

viazi

misër

mahindi

raps

rapa

pemë frutore

mti wa matunda

zhardhok manioku

muhogo

drithëra

nafaka

shtëpi
nyumba

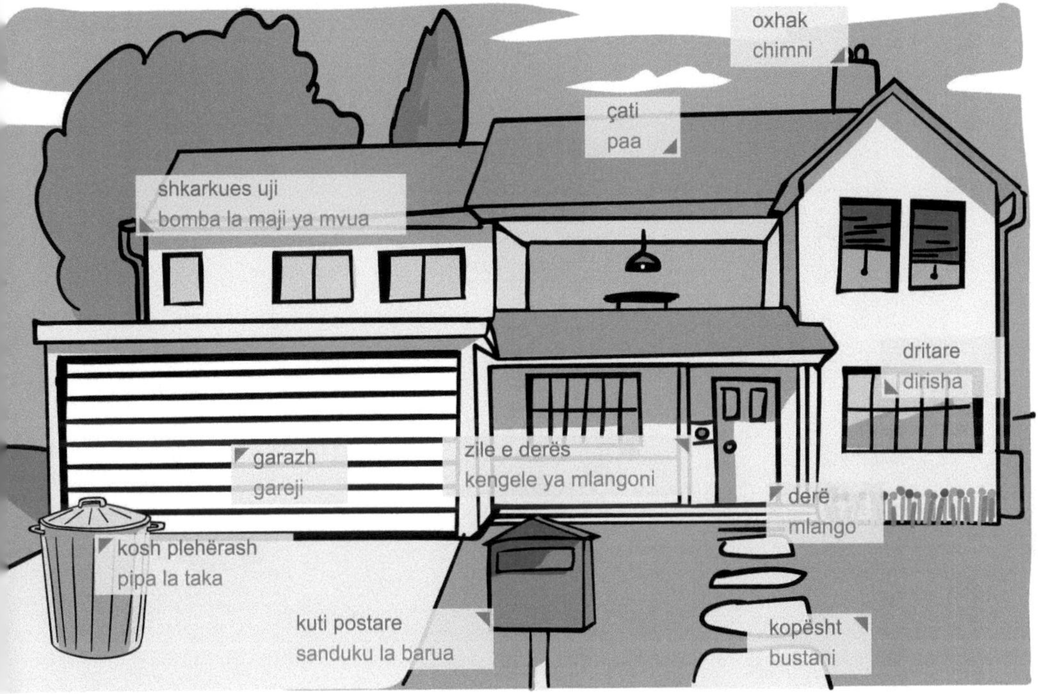

oxhak
chimni
çati
paa
shkarkues uji
bomba la maji ya mvua
dritare
dirisha
garazh
gareji
zile e derës
kengele ya mlangoni
derë
mlango
kosh plehërash
pipa la taka
kuti postare
sanduku la barua
kopësht
bustani

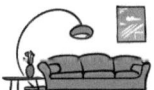

dhomë ndenjeje

sebuleni

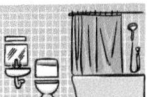

tualet

bafu

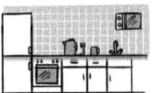

kuzhinë

jikoni

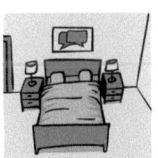

dhomë gjumi

chumba cha kulala

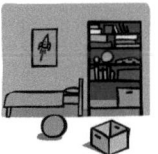

dhomë fëmijësh

chumba ya mtoto

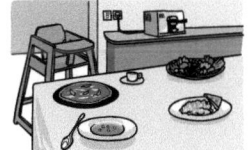

dhomë ngrënieje

chumba cha kulia

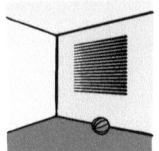

dysheme

sakafu

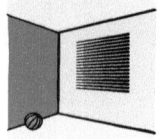

mur

ukuta

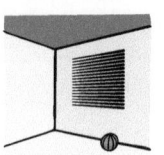

tavan

dari

bodrum

pishi

sauna

sauna

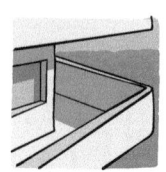

ballkon

roshani

tarracë

mtaro

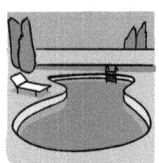

pishinë

kidimbwi

kositëse bari

mashine ya kukata nyasi

çarçaf

karatasi

kuvertë

kitambaa cha kupamba
kitanda

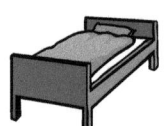

krevat

kitanda

fshesë dore

ufagio

kovë

ndoo

çelës

kubadili

dhomë ndenjeje
sebuleni

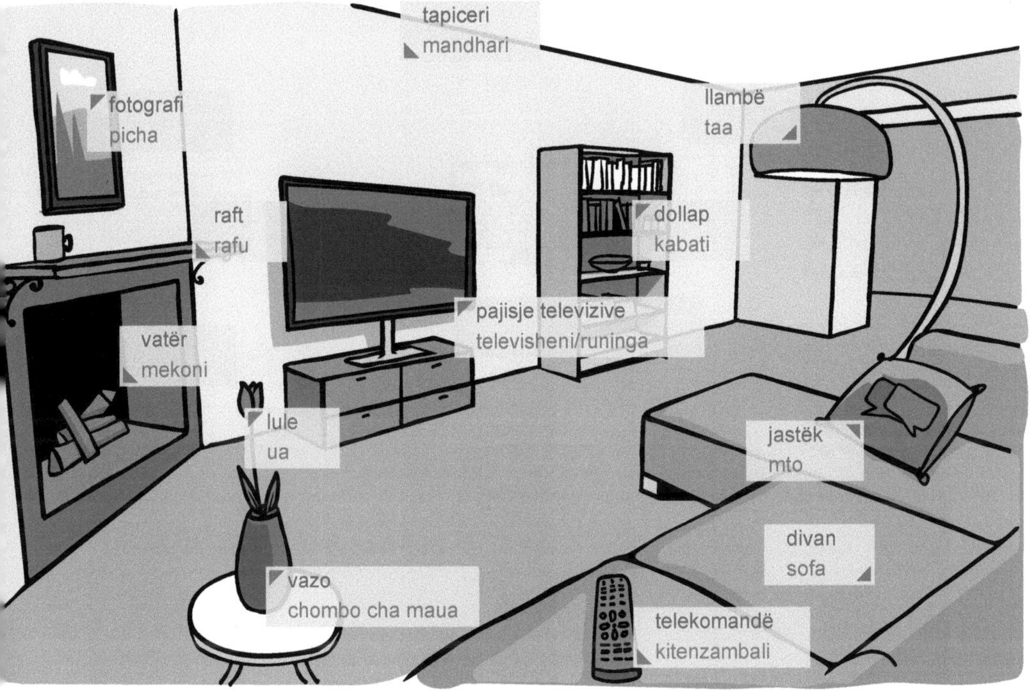

tapiceri
mandhari
fotografi
picha
llambë
taa
raft
rafu
dollap
kabati
pajisje televizive
televisheni/runinga
vatër
mekoni
lule
ua
jastëk
mto
divan
sofa
vazo
chombo cha maua
telekomandë
kitenzambali

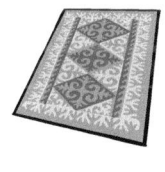

qilim
zulia

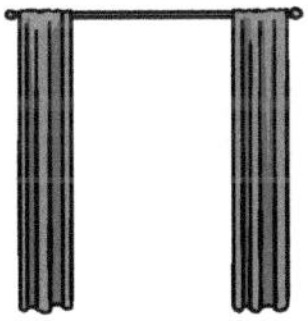

perde
pazia

tavolinë
meza

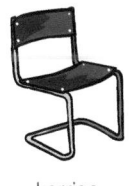

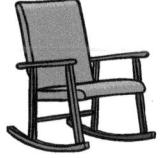

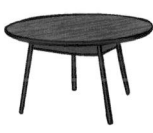

karrige
kiti

karrige lëkundëse
kiti cha bembea

kolltuk
armchair

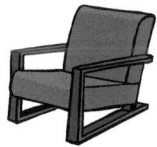

libri

kitabu

batanije

blanketi

zbukurime

mapambo

dru zjarri

kuni

film

filamu

stereo

kifaa cha hi-fi

çelës

ufunguo

gazetë

gazeti

pikturë

uchoraji

afishe

bango

radio

redio

bllok shënimesh

daftari

fshesë me korent

kifyonza

kaktus

dungusi kakati

qiri

mshumaa

kuzhinë
jikoni

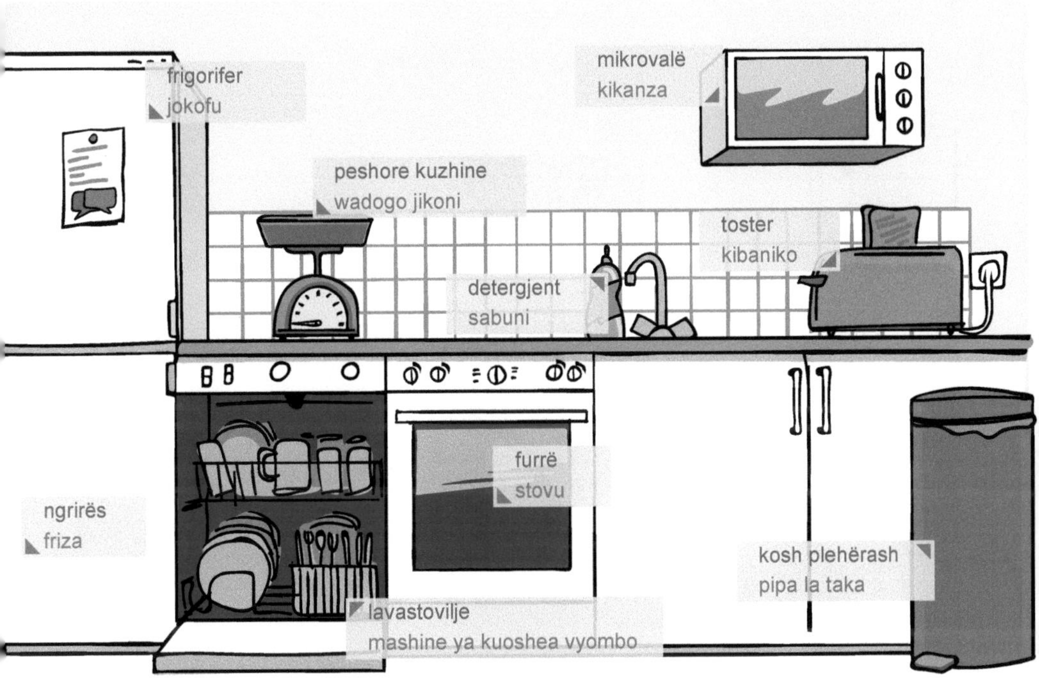
frigorifer
jokofu
mikrovalë
kikanza
peshore kuzhine
wadogo jikoni
toster
kibaniko
detergjent
sabuni
furrë
stovu
ngrirës
friza
kosh plehërash
pipa la taka
lavastovilje
mashine ya kuoshea vyombo

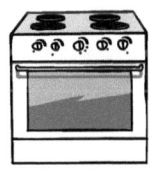

sobë
jiko la kupika

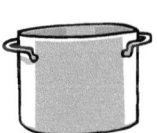

tenxhere
chungu

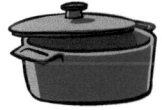

tenxhere me kapak
sufuria ya chuma

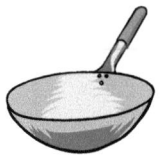

tigan special (Wok)
wok / kadai

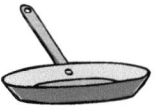

tigan
kaango

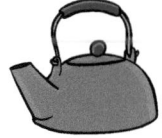

çajnik
birika

tenxhere me avull

stima

tavë pjekjeje

sinia ya kuoka

enë

vyombo vya udongo

filxhan

kombe

tas

bakuli

shkopinj

vijiti vya kulia

garuzhde

ukawa

spatul

mwiko mpana

tel kuzhine

burashi

kulluese

kichujio

sitë

chujio

rende

mbuzi

havan

chokaa

skarë

barbeque

zjarr

moto wazi

dërrasë për prerje

ubao wa majaribio

okllai

kijiti cha kusukuma unga

heqëse tapash

kizibuo

kanaçe

kopo

hapëse kanaçeje

inaweza kopo

rrobë për të kapur tenxheren

kishikio cha chungu

lavaman

karo

furçë

brashi

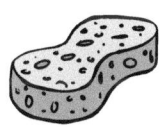

sfungjer

sifongo

përzjerës

kisagaji matunda

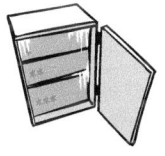

ngrirës

friji ya kina

biberon për lëngje

chupa ya mtoto

rubinet

bomba

tualet
bafu

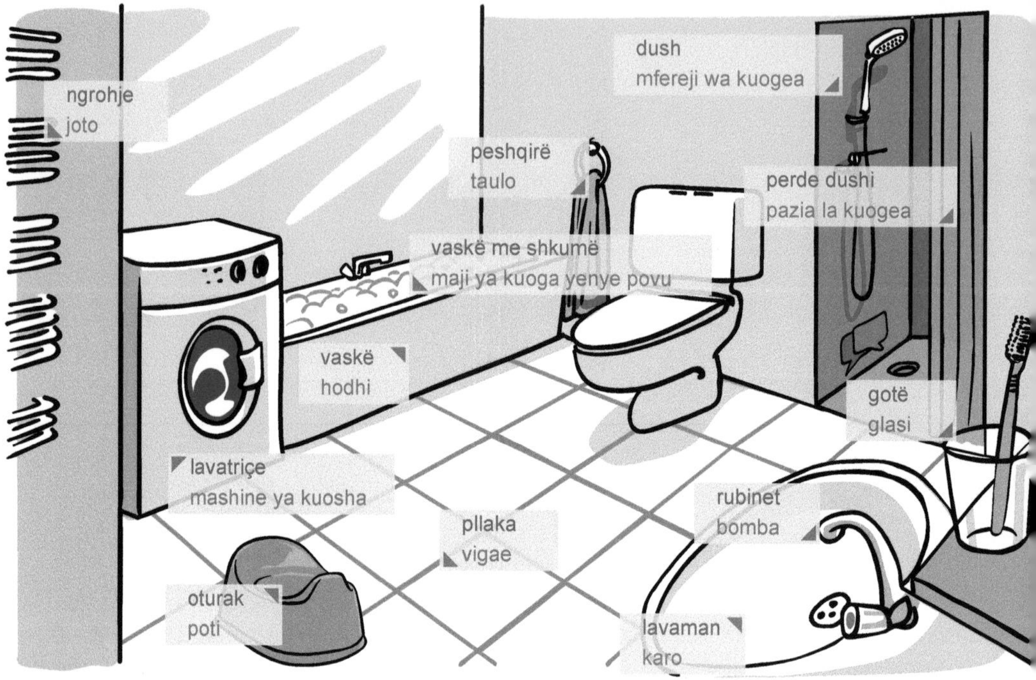

ngrohje
joto
dush
mfereji wa kuogea
peshqirë
taulo
perde dushi
pazia la kuogea
vaskë me shkumë
maji ya kuoga yenye povu
vaskë
hodhi
gotë
glasi
lavatriçe
mashine ya kuosha
rubinet
bomba
pllaka
vigae
oturak
poti
lavaman
karo

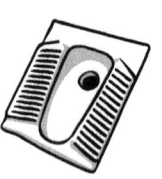

tualet
choo

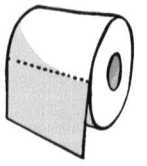

WC e sheshtë
choo cha squat

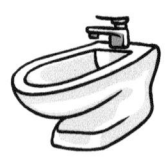

bide
beseni la mviringo

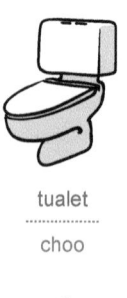

tualet publik
choo cha umma

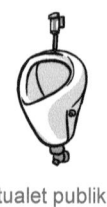

letër higjienike
shashi

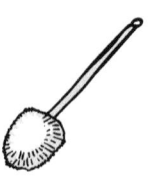

furçe për WC
brashi ya choo

furçë dhëmbësh

mswaki

pastë dhëmbësh

dawa ya meno

fije dentare

dawa ya meno

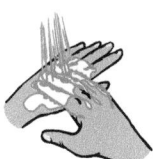

laj

safisha

dorezë dushi

kuoga mkono

larës për zonën intime

msukumo wa maji

legen

bonde

furçë për masazh shpine

mpako wa pili

sapun

sabuni

shampo trupi

jeli ya kuogea

shampo

shampuu

leckë pastruese

flana

kullues

toa maji

krem

krimu

antidjersë

kiondoa harufu

pasqyrë

kioo

pasqyrë dore

kioo mkono

brisk rroje

kinyozi

shkumë rroje

povu la kunyoa

locion pas rrojes

baada ya kunyoa

krehër

kichana

furçë

brashi

tharëse flokësh

kikausha nywele

llak për flokët

marashi ya nyewele

grim

vipodozi

buzëkuq

kidomwa

manikyr

varnish ya msumari

mbushje pambuku

pamba

gërshërë për thonj

mkasi wa kucha

parfum

manukato

çantë për sendet personale

mkoba wa kuosha

Stol

kinyesi

peshore

mizani

robëdëshambër

nguo ya kuoga

dorashka gome

glavu za mpira

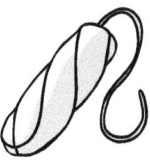

tampon

kisodo

peceta higjienike

sodo

tualet I lëvizshëm

kemikali choo

dhomë fëmijësh
chumba ya mtoto

orë me zile
saa ya kengele
lodra me pellushë
kidoli cha kupakata
makinë lodër
gari bandia
rraketake
kelele
shtëpi kukullash
chumba cha midoli
dhuratë
sasa

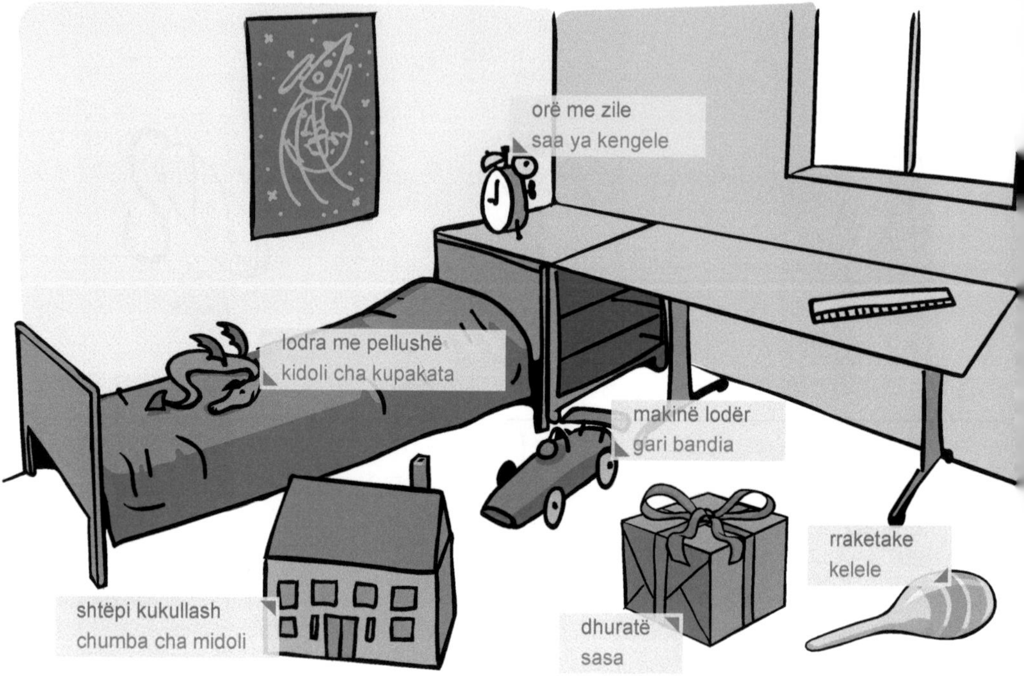

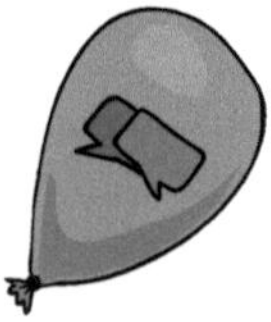

tollumbace
baluni

krevat
kitanda

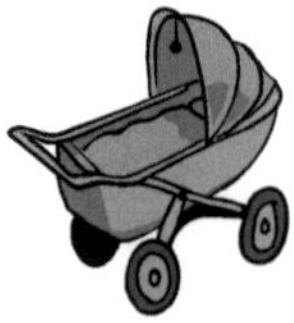

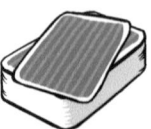

karrocë fëmijësh
mashua

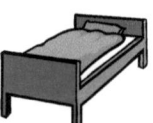

lojë me letra
staha ya kadi

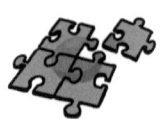

bashkim pjesësh me figura
mchezo-fumb

SUPER
MEGA

komik
vichekesho

formuese lodër

matofali lego

kuba plastikë

vitalu mwigo

lodra

hatua takwimu

badi

suti ya kulalia

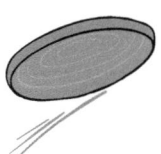

frizbi

kisahani

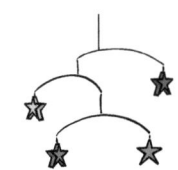

lodra të varura tek krevati i fëmijëve

simu

tavolinë lojërash

ubao wa michezo

zare

kete

model treni

garimoshi mwigo

biberon

dummy

festë

chama

libër me ilustrime

picha kitabu

top

mpira

kukull

kikaragosi

luaj

kucheza

grumbull rëre

shimo la mchanga

kolovarëse

bembea

lodra

vitu bandia

leva për lojra video

kiweko cha video ya mchezo

triçikël

baiskeli ya magurudumu

arush prej pellushi

mwanasesere

garderobë

kabati

matatu

çorape

soksi

çorape të gjata

stokingi

geta

kibano

shall
skafu

çadër
mwavuli

bluzë pa jakë
fulana

rrip
ukanda

çizme
viatu

pantofla
ndara

atlete
wakufunzi

sandale
malapa

këpucë
viatu

çizme llastiku
mabuti ya mpira

të mbathura
suruali ya ndani

reçipeta
sidiria

kanotierë
fulana

trup

mwili

pantallona

suruali

xhinse

dangirizi

fund

sketi

bluzë

blauzi

këmishë

shati

pulovër

vuta

triko

sweta

xhaketë

bleza

xhaketë

jaketi

pallto

koti

mushama shiu

koti la mvua

kostum

maleba

fustan

gauni

fustan nusërie

mavazi ya harusi

kostum

suti

këmishë nate

vazi la usiku

pizhama

pajama

sari (veshje tradicionale indiane)

sari

shami koke

skafu

çallmë

kilemba

veshje për femrat e besimit musliman

burka

kaftan (lloj veshjeje tradicionale)

kaftan

ferexhe

abaya

kostum banje

vazi la kuogelea

rroba banje

vazi la kiume la kuogelea

pantallona të shkurtra

kaptura

tuta sporti

teitei

përparëse

aproni

dorashka

glavu

kopsë

kifungo

syze

glasi

byzylyk

bangili

gjerdan

mkufu

unazë

pete

vath

herini

kapuç

kofia

varëse për pallto

kiango cha koti

kapele

kofia

kravatë

tai

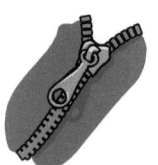

zinxhir

zipu

helmetë

kofia

tiranda

kanda za suruali

uniformë shkolle

sare za shule

uniformë

sare

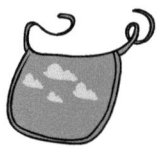

gushore

bibu

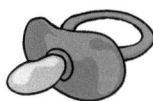

biberon

dummy

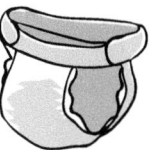

pelenë

nepi

zyrë

ofisi

server
seva
skedar
kabati la kuweka faili
printer
kichapishaji
letër
karatasi
ekran
kiwambo
tavolinë
dawati
maus
kipanya
dosje
folda
tastierë
kibodi
letrash
pu cha kuweka karatasi chafu
karrige
kiti
kompjuter
kompyuta

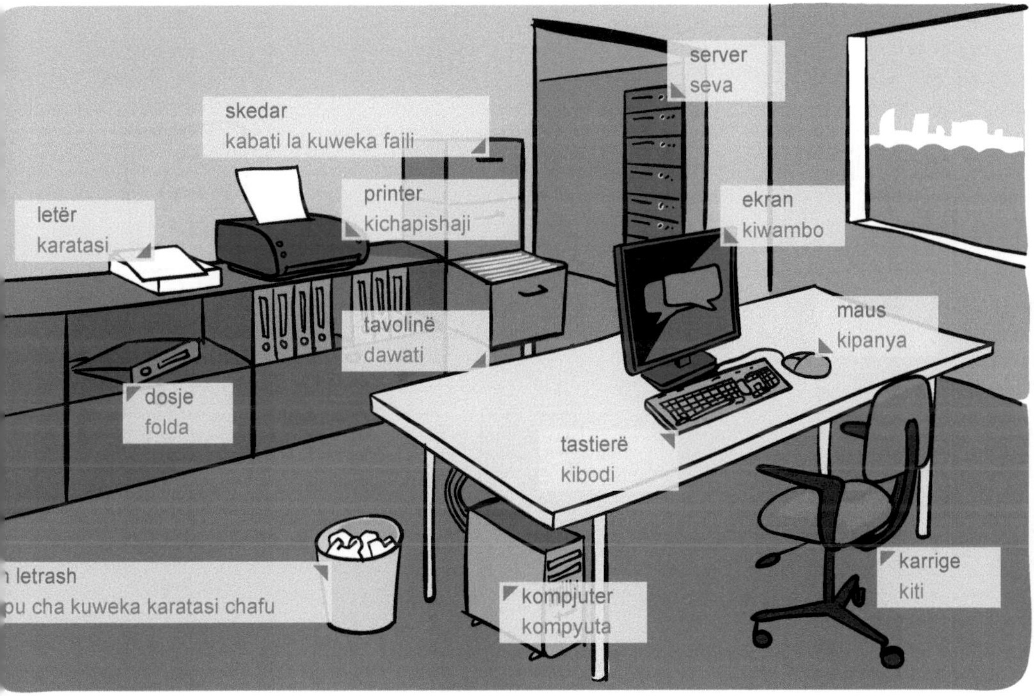

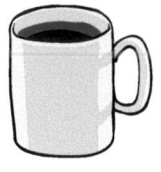

filxhan kafeje

kmobe la kahawa

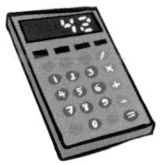

makinë llogaritëse

kikokotoo

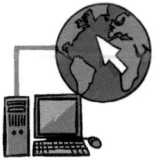

internet

biashara

kompjuter portativ

mbali

letër

barua

mesazh

ujumbe

telefon

rununu

rrjet

intaneti

fotokopje

fotokopia

program

programu

telefon

simu

prizë

soketi

pajisje faksi

kipepesi

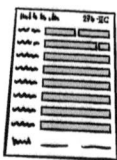

formular

fomu

dokument

hati

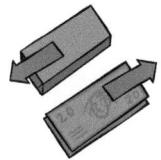

blej

kununua

paguaj

kulipa

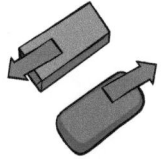

tregtoj

biashara

para

fedha

dollar

dola

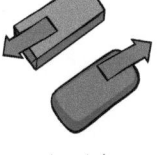

euro

yuro

jen

yeni

rubla

rouble

franga zvicerane

faranga ya Uswisi

juani kinez

renminbi yuan

rupje

rupia

bankomat

eneo la kulipia

pikë këmbimi valutor

ofisi ya ubadilishanaji

ar

dhahabu

argjend

fedha

nafta

mafuta

energji

nishati

çmim

bei

kontratë

mkataba

taksë

kodi

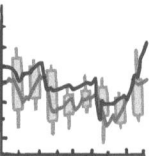

aksione

bidhaa

punoj

kazi

punonjës

mfanyakazi

punëdhënës

mwajiri

fabrikë

kiwanda

dyqan

duka

oficer policie
afisa wa polisi

zjarrfikës
mzimamoto

kuzhinier
mpishi

mjek
daktari

pilot
rubani

kopshtar

mtunza bustani

marangoz

seremala

rrobaqepëse

mshonaji

gjykatës

hakimu

kimist

mwanakemia

aktor

muigizaji

shofer autobuzi

dereva wa basi

taksist

dereva wa teksi

peshkatar

mvuvi

pastruese

mwanamke wa kusafisha

riparues çatish

mwezekaji

kamarier

mhudumu

gjuetar

mwindaji

piktor

mchoraji

furrxhi

mwokaji

elektriçist

umeme

ndërtues

mjenzi

inxhinier

mhandisi

kasap

mchinjaji

hidraulik

fundi bomba

postieri

mwanaposta

ushtar

mwanajeshi

arkitekt

msanifu majengo

arkëtar

keshia

luleshitës

muuza maua

berber

msusi

kontrollor

kondakta

mekanik

mekanika

kapiten

nahodha

dentist

daktari wa meno

shkencëtar

mwanasayansi

rabin

rabbi

imam

imamu

murg

mtawa

klerik

kasisi

mjete
zana

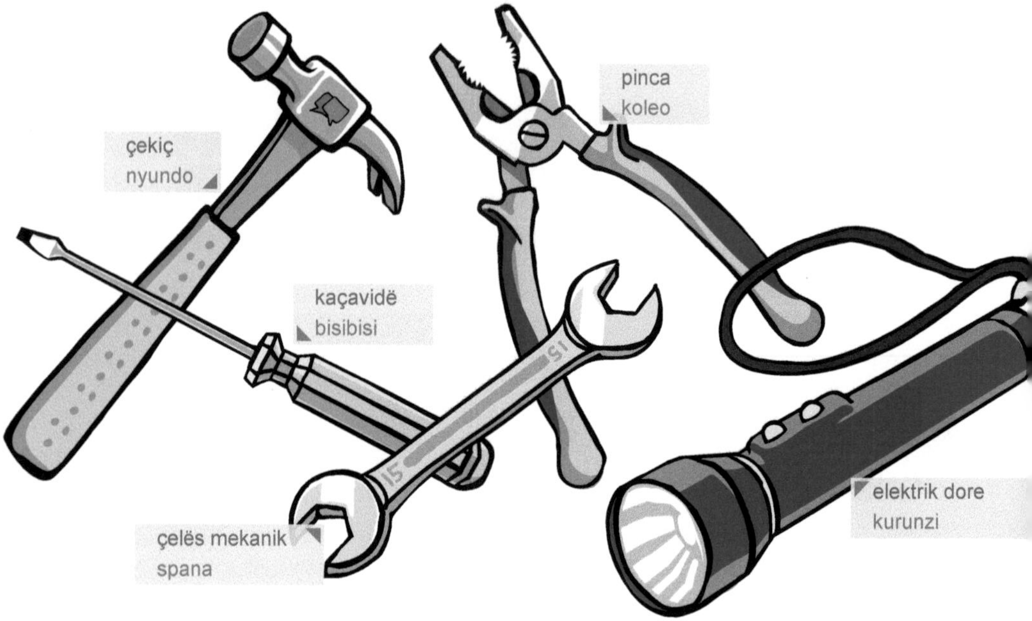
pinca
koleo
çekiç
nyundo
kaçavidë
bisibisi
elektrik dore
kurunzi
çelës mekanik
spana

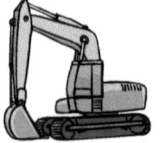

ekskavator
mchimbaji

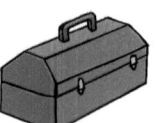

kuti veglash
sanduku la vifaa

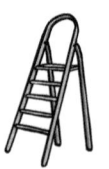

shkallë
ngazi

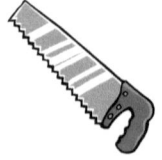

sharrë
msumeno

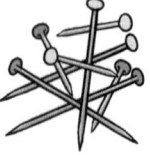

gozhdë
misumari

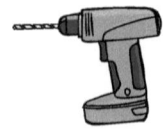

trapan
kuchimba visima

riparoj

kukarabati

lopatë

sepetu

Dreq!

Lo!

kaci

kishikio cha uchafu

kuti boje

chungu cha rangi

vidhë

skurubu

instrumenta muzikorë
ala za muziki

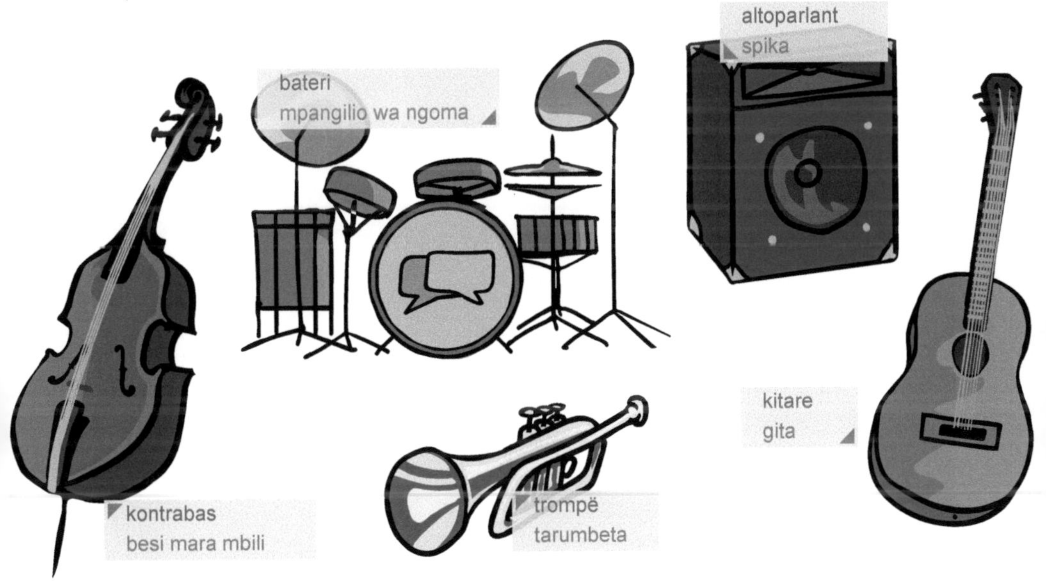

bateri
mpangilio wa ngoma

altoparlant
spika

kontrabas
besi mara mbili

trompë
tarumbeta

kitare
gita

piano
piano

violinë
fidla

bas
ubeji

tamburë
timpani

daulle
ngoma

tastierë pianoje
kibodi

saksofon
saksafoni

flaut
filimbi

mikrofon
maikrofoni

kopsht zoologjik
bustani ya wanyama

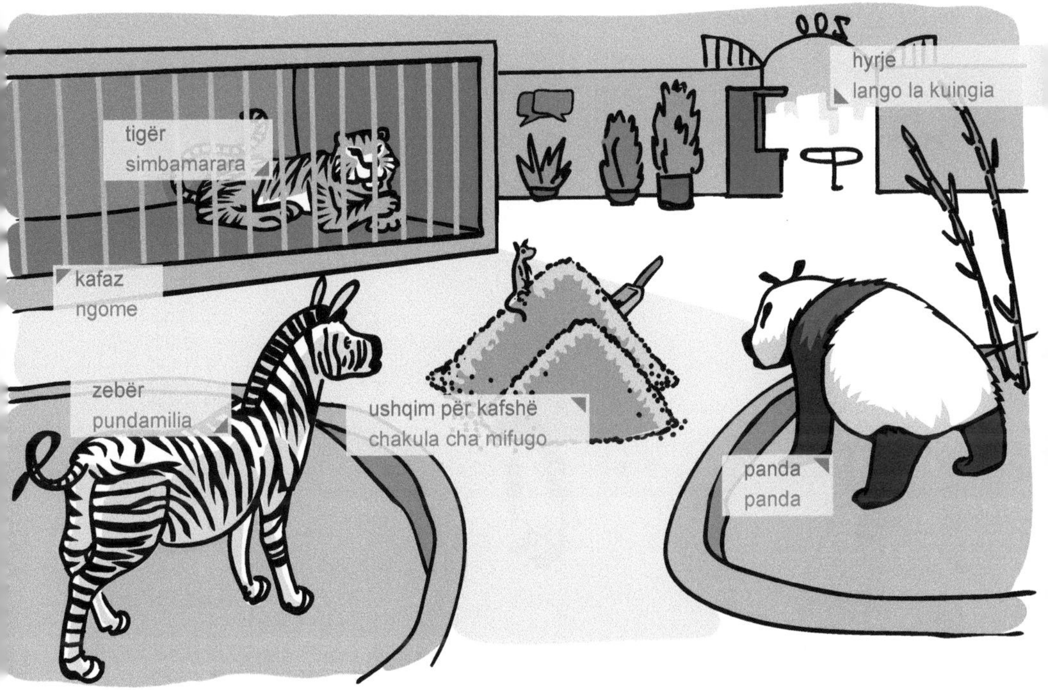
hyrje
lango la kuingia
tigër
simbamarara
kafaz
ngome
zebër
pundamilia
ushqim për kafshë
chakula cha mifugo
panda
panda

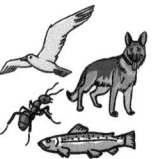

kafshë

wanyama

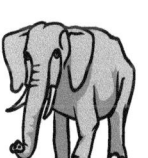

elefant

tembo

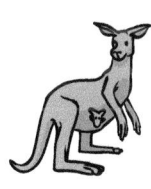

kangur

kangaruu

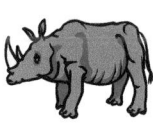

rinoceront

kifaru

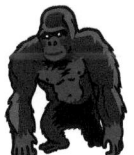

gorillë

sokwe

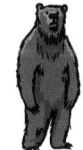

ari

dubu

deve

ngamia

struc

mbuni

luan

simba

majmun

tumbili

flamingo

heroe

papagall

kasuku

ari polar

dubu

pinguin

penguini

peshkaqen

papa

pallua

tausi

gjarpër

nyoka

krokodil

mamba

punonjës i kopshtit zoologjik

mtunza wanyama

fokë

muhuri

xhaguar

jaguar

kopsht zoologjik - bustani ya wanyama

poni
mwanafarasi

leopard
chui

hipopotam
kiboko

gjirafë
twiga

shqiponjë
tai

derr i egër
nguruwe mwitu

peshk
samaki

breshkë
kobe

lopë deti
sili

dhelpër
mbweha

gazelë
paa

futboll amerikan
soka ya marekani

çiklizëm
uendeshaji baiskeli

tenis
tenisi

basketboll
mpira wa kikapu

not
kuogelea

boks
ndondi

hokej mbi akull
magongo ya barafuni

futboll
soka

badminton
vinyoya

atletikë
riadha

hendboll
mpira wa mikono

ski
skii

polo
polo

qesh
cheka

hidhem
kuruka

përqafoj
kumbatia

eci
kutembea

këndoj
kuimba

ëndërroj
ota ndoto

lutem
kuomba

puth
busu

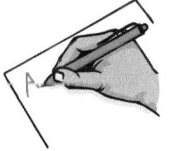

shkruaj

kuandika

vizatoj

kuteka

tregoj

angalia

shtyj

sukuma

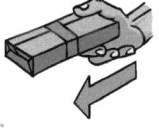

jap

kutoa

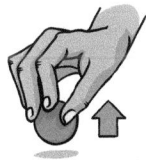

marr

kuchukua

kam

kuwa

bëj

fanya

jam

kuwa

qëndroj

kusimama

vrapoj

kukimbia

tërheq

vuta

hedh

kutupa

bie

kuanguka

shtrihem

hadaa

pres

kusubiri

mbaj

kubeba

ulem

kukaa

vishem

vaa nguo

fle

usingizi

zgjohem

kuamka

shikoj

kuangalia

qaj

lia

përkëdhel

kiharusi

kreh

chana nywele

bisedoj

ongea

kuptoj

kuelewa

kërkoj

kuuliza

dëgjoj

kusikiliza

pi

kunywa

ha

kula

sistemoj

nadhifisha

dashuroj

upendo

gatuaj

mpishi

drejtoj makinën

gari

fluturoj

kuruka

lundroj

meli

llogaris

kokotoa

lexoj

kusoma

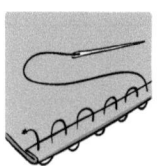

mësoj

kujifunza

punoj

kazi

martohem

kuoa

qep

kushona

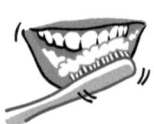

laj dhëmbët

piga mswaki

vras

kuua

tymos

moshi

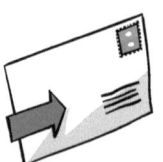

dërgoj

kutuma

gjyshe
bibi

gjysh
babu

baba
baba

nënë
mama

bebe
mtoto

vajzë
binti

djalë
bin

mysafir

mgeni

teze, hallë

shangazi

dajë, xhaxha

mjomba

vëlla

kaka

motër

dada

trupi
mwili

balli
paji la uso
syri
jicho
shpatulla
bega
gishti
kidole
fytyra
uso
mjekra
kidevu
dora
mkono
krahërori
matiti
këmba
mguu
krahu
mkono

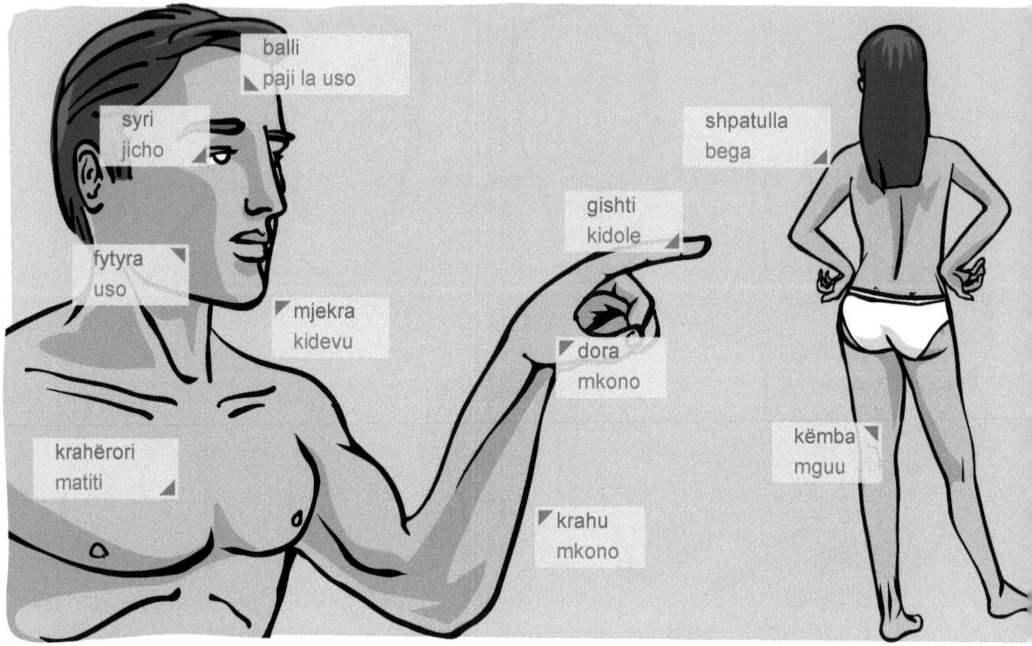

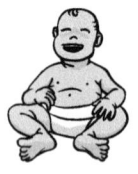

bebe
mtoto

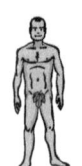

burrë
mwanamume

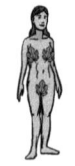

grua
mwanamke

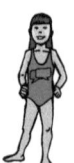

vajzë
msichana

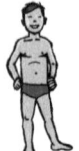

djalë
mvulana

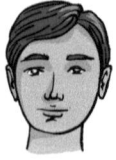

koka
kichwa

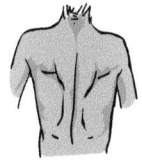

shpina

nyuma

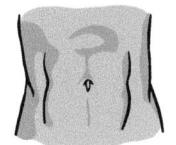

barku

tumbo

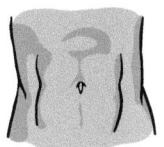

kërthiza

kitovu

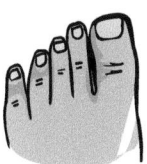

gisht këmbe

chano

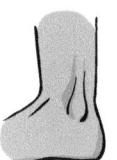

Thembra

kisigino

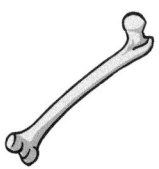

kockë

mfupa

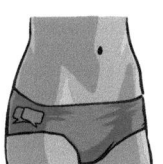

legeni

nyonga

gjuri

goti

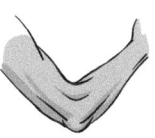

bërryli

kiwiko

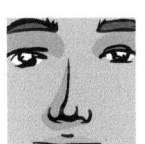

hunda

pua

vithe

chini

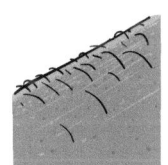

lëkura

ngozi

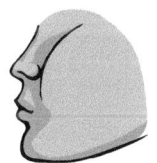

faqja

shavu

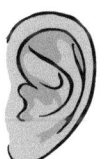

veshi

sikio

buza

mdomo

goja

kinywa

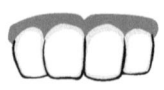

dhëmbët

jino

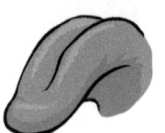

gjuha

ulimi

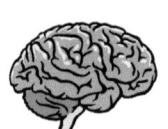

truri

ubongo

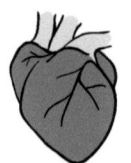

zemra

moyo

muskul

misuli

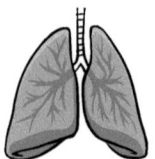

mushkëria

pafu

mëlçia

ini

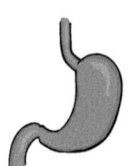

stomaku

tumbo

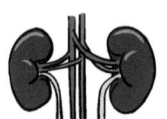

veshka

figo

seks

jinsia

prezervativ

kondomu

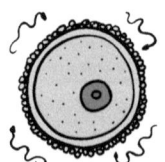

veza

ovari

sperma

shahawa

shtatëzani

mimba

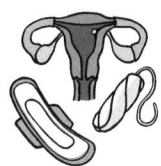

menstruacione
hedhi

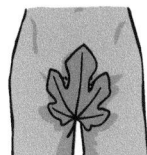

vagina
uke

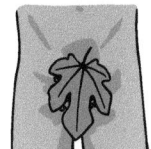

penis
uume

vetulla
unyusi

flokët
nywele

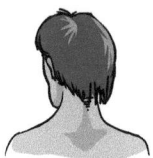

qafa
shingo

spital
hospitali

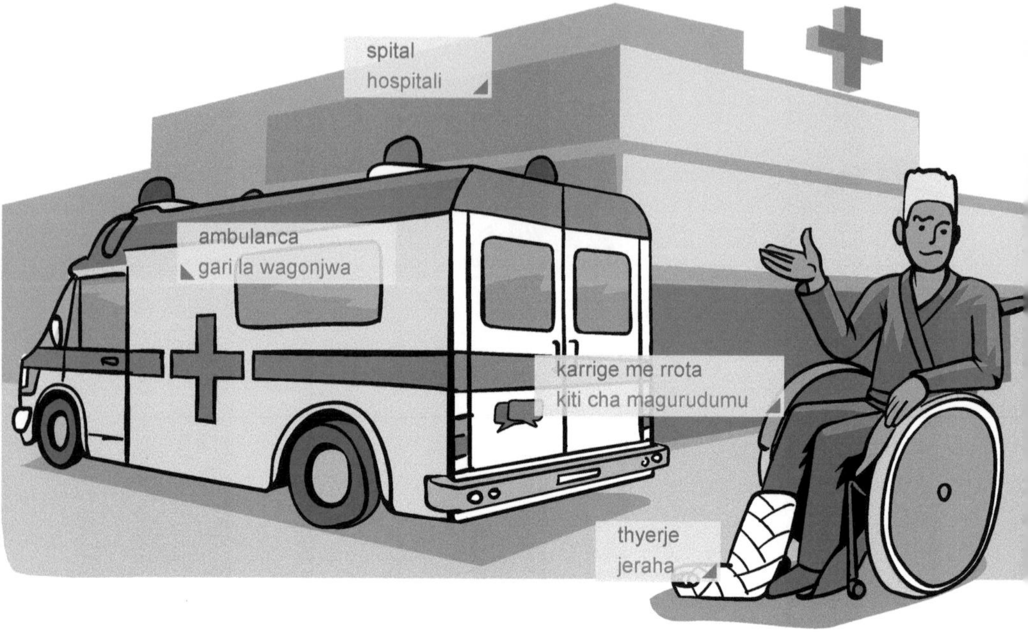

spital
hospitali
ambulanca
gari la wagonjwa
karrige me rrota
kiti cha magurudumu
thyerje
jeraha

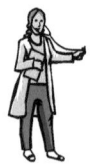

mjek

daktari

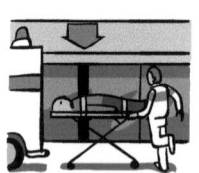

sallë urgjencash

chumba cha dharura

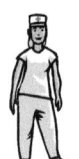

infermiere

muuguzi

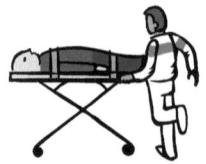

emergjencë

dharura

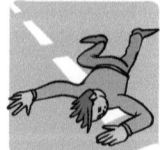

i pandërgjegjshëm

kupoteza fahamu

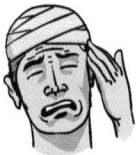

dhimbje

maumivu

dëmtim

kuumia

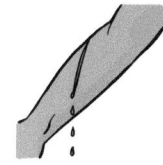

gjakosje

kutokwa na damu

infarkt

mshtuko wa moyo

goditje

kiharusi

alergji

mzio

kolla

kikohozi

ethe

homa

grip

mafua

diarre

kuharisha

dhimbje koke

maumivu ya kichwa

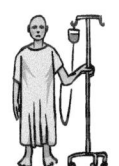

kancer

kansa

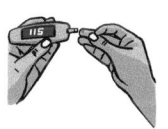

diabet

ugonjwa wa kisukari

kirurg

daktari mpasuaji

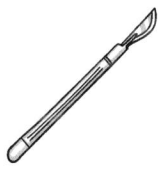

bisturi

kisu kidogo cha kupasulia

operacion

operesheni

CT (skaner)

picha changanufu ya mwili

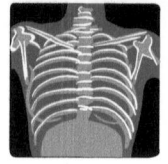

radiografi

Eksrei

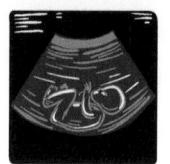

ultratingull

mawimbi sauti

maskë fytyre

barakoa ya uso

sëmundje

ugonjwa

dhomë pritjeje

chumba cha kusubiri

paterica

mkongojo

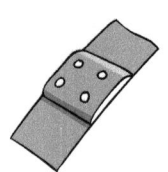

leukoplast

plasta

fasho

bendeji

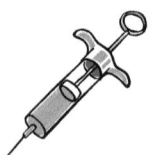

injeksion

sindano

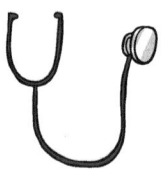

stetoskop

stetoskopu

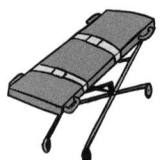

barelë

machela

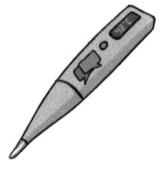

termometër

kipimajoto cha kliniki

lindje

kuzaliwa

mbipeshë

unene kupita kiasi

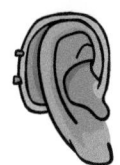

aparat dëgjimi

kusikia misaada

dezinfektant

kipukusi

infeksion

maambukizi

virus

virusi

HIV / AIDS

VVU / UKIMWI

mjekësi, mjekim

dawa

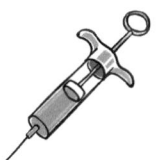

vaksinim

chanjo

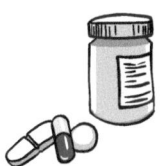

tableta

vidonge

pilulë

kidonge

telefonatë emergjence

simu ya dharura

aparat tensioni

haemodainamometa

i sëmurë / i shëndetshëm

mgonjwa / mwenye afya

Ndihmë!

Msaada!

alarm

kengele

sulm

pigo

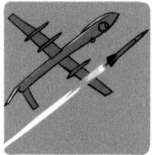

atak

shambulizi

rrezik

hatari

dalje emergjence

lango la dharura

Zjarr!

Moto!

fikëse zjarri

kizima moto

aksident

ajali

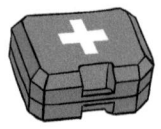

kuti e ndimës së shpejtë

vifaa vya huduma ya kwanza

SOS

wito wa msaada

policia

polisi

Europa

Ulaya

Amerika e Veriut

Amerika ya Kaskazini

Amerika e Jugut

Amerika ya Kusini

Afrika

Afrika

Azia

Asia

Australia

Australia

Atlantiku

Atlantiki

Paqësori

Pasifiki

Oqeani Indian

Bahari ya Hindi

Oqeani Antarktik

Bahari ya Antaktiki

Oqeani Arktik

Bahari ya Aktiki

Poli i veriut

Ncha ya Kaskazini

Poli i Jugut

Ncha ya Kusini

Antarktida

Antaktika

toka

dunia

tokë

nchi

det

bahari

ishull

kisiwa

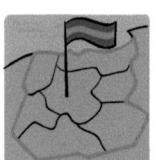

komb

taifa

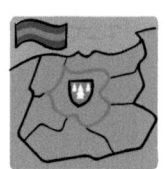

shtet

jimbo

fusha e orës

uso wa saa

akrepi i orës

akrabu ya saa

akrepi i minutave

akrabu ya dakika

akrepi i sekondave

akrabu ya sekunde

Sa është ora?

Ni saa ngapi?

ditë

siku

kohë

wakati

tani

sasa

orë dixhitale

saa ya dijitali

minutë

dakika

orë

saa

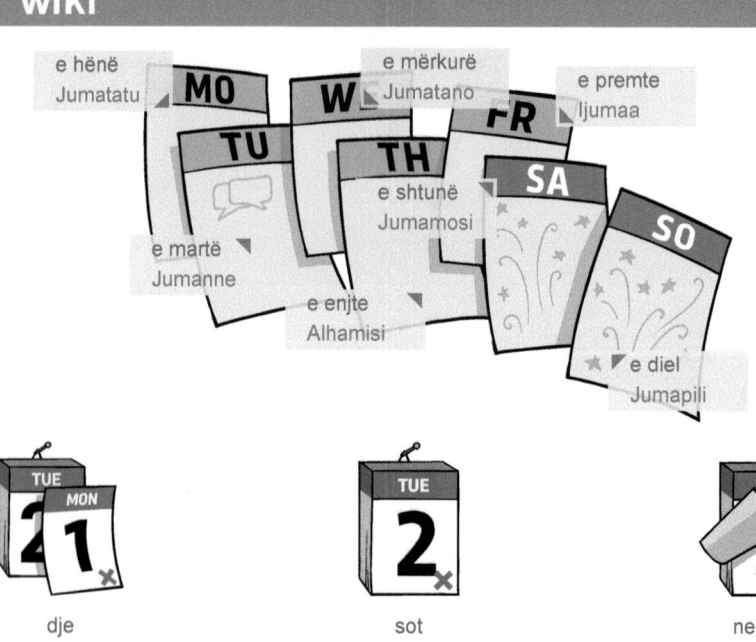

e hënë
Jumatatu
MO

W e mërkurë
Jumatano

e premte
ljumaa
FR

TU

TH

SA

e shtunë
Jumamosi

SO

e martë
Jumanne

e enjte
Alhamisi

e diel
Jumapili

dje

jana

sot

leo

nesër

kesho

mëngjes

asubuhi

mesditë

saa sita mchana

mbrëmje

jioni

MO	TU	WE	TH	FR	SA	SU
1	2	3	4	5	6	7
8	9	10	11	12	13	14
15	16	17	18	19	20	21
22	23	24	25	26	27	28
29	30	31	1	2	3	4

ditë pune

siku za biashara

MO	TU	WE	TH	FR	SA	SU
1	2	3	4	5	6	7
8	9	10	11	12	13	14
15	16	17	18	19	20	21
22	23	24	25	26	27	28
29	30	31	1	2	3	4

fundjavë

mwishoni mwa wiki

vit

mwaka

shi
mvua
ylber
upinde wa mvua
erë
upepo
borë
theluji
pranverë
majira ya machipuko
verë
kiangazi
vjeshtë
vuli
dimër
majira ya baridi

4.APRIL 11°
5.APRIL 4°
6.APRIL 13°
7.APRIL 8°
8.APRIL 10°

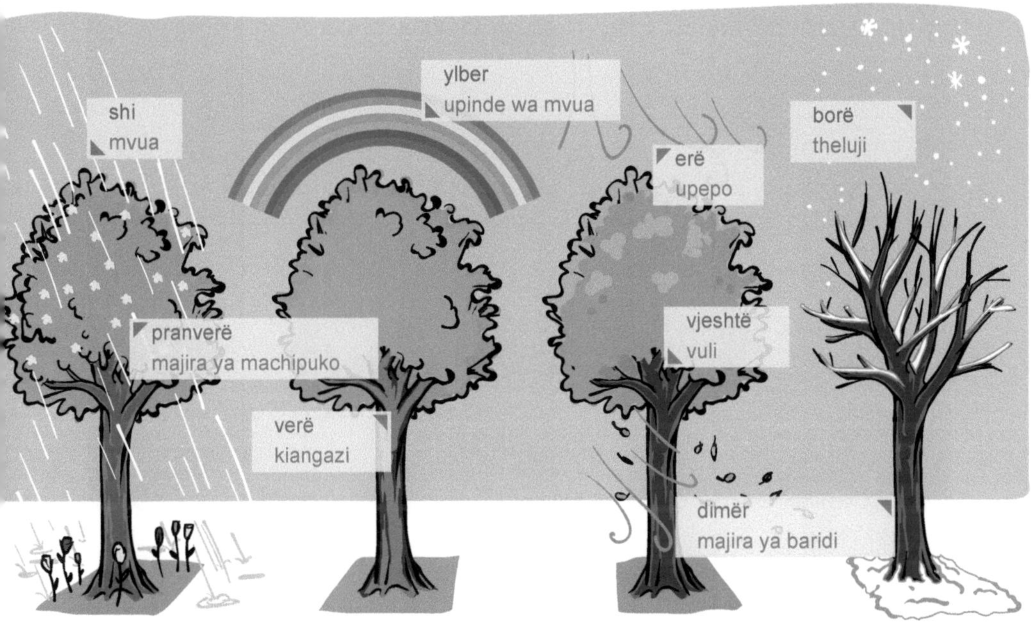

parashikimi i motit

utabiri wa hali ya hewa

F C
120 40
90 30
60 20
30 10
0 0
-30 -10
-20

termometër

kipimajoto

ndriçim dielli

mwanga wa jua

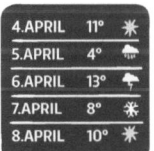

re

wingu

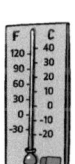

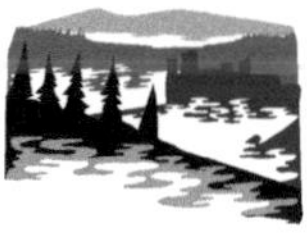

mjegull

ukungu

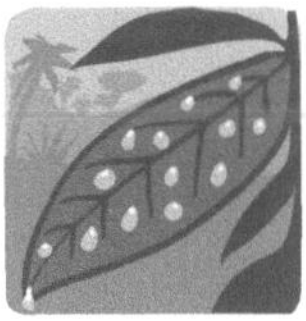

lagështi

unyevu

vetëtima

umeme

gjëmim

radi

stuhi

dhoruba

breshër

mvua ya mawe

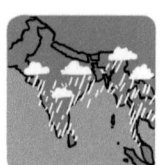

muson

monsuni

përmbytje

mafuriko

akull

barafu

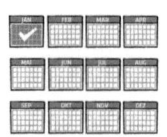

janar

Januari

shkurt

Februari

mars

Machi

prill

Aprili

maj

Mei

qershor

Juni

korrik

Julai

gusht

Agosti

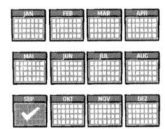

shtator
....
Septemba

tetor
....
Oktoba

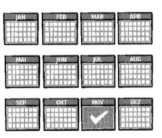

nëntor
....
Novemba

dhjetor
....
Desemba

forma

maumbo

rreth
....
mduara

katror
....
mraba

drejtkëndësh
....
mstatili

trekëndësh
....
pembetatu

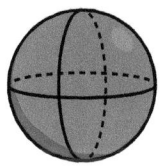

sferë
....
nyanja

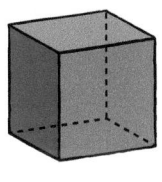

kub
....
mchemraba

e bardhë

nyeupe

e verdhë

manjano

portokalli

chungwa

rozë

rangi ya waridi

e kuqe

nyekundu

vjollcë

hudhurungi

blu

bluu

e gjelbër

kijani

kafe

hanja

gri

jivujivu

e zezë

nyeusi

shumë / pak

mengi / kidogo

i nevrikosur / i qetë

hasira / pole

i bukur / i shëmtuar

nzuri / mbaya

fillim / fund

mwanzo / mwisho

i madh / i vogël

kubwa / ndogo

i ndritshëm / i errët

angavu / giza

vëlla / motër

kaka / dada

e pastër / e pistë

safi / chafu

e plotë / jo e plotë

kamilika / tokamilika

ditë / natë

siku / usiku

gjallë / vdekur

wafu / hai

i gjerë / i ngushtë

pana / nyembamba

i ngrënshëm / i
pangrënshëm

kulika / kutolika

i keq / i këndshëm

ovu / ema

i lumtur / i mërzitur

sisimkwa / udhika

i shëndoshë / i dobët

nene / nyembamba

e para / e fundit

kwanza / mwisho

mik / armik

rafiki / adui

plot / bosh

jaa / tupu

e fortë / e butë

ngumu / laini

e rëndë / e lehtë

nzito / nyepesi

uri / etje

njaa / kiu

i sëmurë / i shëndetshëm

mgonjwa / mwenye afya

e paligjshme / e ligjshme

haramu / kisheria

i zgjuar / budalla

akili / kijinga

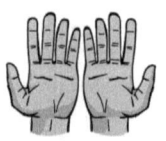

majtas / djathtas

kushoto / kulia

afër / larg

karibu / mbali

e re / e përdorur

mpya / kutumika

asgjë / diçka

kitu / jambo

i moshuar / i ri

zee / changa

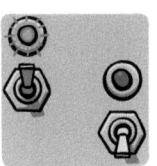

ndezur / fikur

waka / zima

hapur / mbyllur

wazi / fungwa

i qetë / i zhurmshëm

utulivu / kelele

i pasur / i varfër

tajiri / masikini

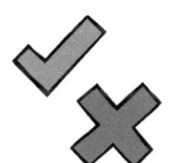

e drejtë / e gabuar

sahihi / kosa

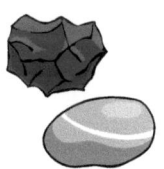

i ashpër / i butë

mbaya / laini

i mërzitur / i lumtur

huzunika / furahia

i shkurtër / i gjatë

fupi /ndefu

ngadalë / shpejt

polepole / haraka

i lagësht / i thatë

nyevu / kavu

ngrohtë / freskët

joto / baridi

luftë / paqe

vita / amani

0
zero
sufuri

1
një
moja

2
dy
mbili

3
tre
tatu

4
katër
nne

5
pesë
tano

6
gjashtë
sita

7
shtatë
saba

8
tetë
nane

9
nentë
tisa

10
dhjetë
kumi

11
njëmbëdhjetë
kumi na moja

12
dymbëdhjetë
kumi na mbili

13
trembëdhjetë
kumi na tatu

14
katërmbëdhjetë
kumi na nne

15
pesëmbëdhjetë
kumi na tano

16
gjashtëmbëdhjetë
kumi na sita

17
shtatëmbëdhjetë
kumi na saba

18
tetëmbëdhjetë
kumi na nane

19
nentëmbëdhjetë
kumi na tisa

20
njëzetë
ishirini

100
qind
mia

1.000
mijë
elfu

1.000.000
milion
milioni

anglisht

Kiingereza

anglishte amerikane

Kiingereza cha Marekani

kinezisht mandarin

Kimandarini cha Uchina

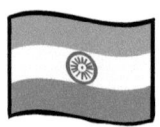

hindi

Kihindi

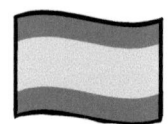

spanjisht

Kihispania

frëngjisht

Kifaransa

arabisht

Kiarabu

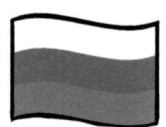

rusisht

Kirusi

portugalisht

Kireno

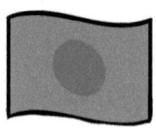

bengalisht

Kibengali

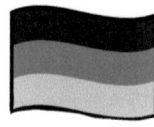

gjermanisht

Kijerumani

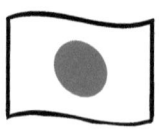

japonisht

Kijapani

unë

mimi

ti

wewe

ai / ajo

yeye / yeye / ni

ne

sisi

ju

wewe

ata

wao

kush?

nani?

çfarë?

nini?

si?

jinsi gani?

ku?

wapi?

kur?

lini?

emër

jina

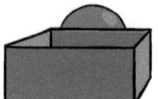

pas

nyuma

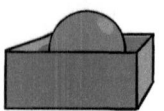

në

katika

përballë

mbele ya

sipër

juu ya

mbi

kwenye

poshtë

chini ya

pranë

kando

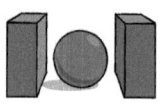

midis

kati

vend

mahali